THiLO

OSTWIND

Für immer Freunde

Basierend auf Figuren und Fabel von
Lea Schmidbauer und
Kristina Magdalena Henn

ALIASENTERTAINMENT

In der OSTWIND-Reihe für Erstleser sind bereits erschienen:

OSTWIND – *Für immer Freunde*
OSTWIND – *Die rettende Idee*
OSTWIND – *Das Turnier*
OSTWIND – *Weihnachten auf Kaltenbach*

Dieses Buch wurde auf chlorfrei
gebleichtem Papier gedruckt.

3. Auflage
© und TM 2019 Alias Entertainment GmbH
© Ostwind Filme SamFilm GmbH
Alle Rechte vorbehalten.
Lektorat & Projektmanagement: Simone Hennig
Satz: fuxbux, Berlin
Umschlaggestaltung: tatendrang
Illustrationen: comicup
Druck: GGP Media GmbH, Pößneck
ISBN 978-3-940919-30-4
Printed in Germany

Inhalt

1. Willkommen in der Pampa **8**

2. Eine besondere Begegnung **12**

3. Wie eine Zirkus-Direktorin **16**

4. „Kann Nicht Reiten" **20**

5. Eine Goldmedaille
   und Gefahren **24**

6. Ein magischer Moment **28**

7. Unsanftes Erwachen **32**

8. Jede Menge Arbeit **36**

9. Keiner kümmert sich
   um Ostwind **40**

10. Die Freundschaft wird besiegelt **44**

Mika hat sich nie
für Pferde interessiert.
Doch in den Sommerferien lernt sie
auf dem Gut ihrer Großmutter
Ostwind kennen.
Mit dem schwarzen Hengst
entdeckt Mika ihre besondere Gabe.

Ostwind ist ein ganz
außergewöhnliches Springpferd
und von berühmter Abstammung.
Doch Maria Kaltenbach hält
den scheuen Hengst für gefährlich.
Ostwind liebt die Freiheit.
Er lässt nur Mika an sich heran.

Maria Kaltenbach ist Mikas Oma.
Ihr gehört Gut Kaltenbach.
Sie war früher eine der besten
Springreiterinnen der Welt.
Doch nach einem Unfall
kann sie heute nicht mehr reiten.
Nun ist sie Trainerin.

Sam ist Stallbursche
auf Gut Kaltenbach.
Er verspricht seiner Chefin
Maria Kaltenbach,
auf Mika aufzupassen.
Sam ist ein feiner Kerl,
auf den Mika sich immer
verlassen kann.

1. Willkommen in der Pampa

Mika saß im Zug
und sah aus dem Fenster.
Draußen flogen Wiesen vorbei.
Nichts als Wiesen und Kühe!

Sie seufzte.
Ihre Sommerferien hatte Mika sich
ganz anders vorgestellt.
Die gesamten sechs Wochen
musste sie bei ihrer Oma
auf dem Bauernhof verbringen.

Dabei kannte sie ihre Oma gar nicht!
Nie hatte Mikas Mutter
etwas von ihr erzählt.

Eigentlich wollte Mika
ans Meer fahren,
mit ihrer besten Freundin Fanny.
*Das werden die schlimmsten Ferien
aller Zeiten!*, dachte sie.

Als der Zug hielt, stieg Mika aus.
Aber der Bahnhof war leer.
Ihre Oma war nirgends zu sehen.
„Willkommen in der Pampa“,
motzte Mika.
Hier war ja wirklich gar nichts los!

Jetzt kam auch noch
ein Bauernjunge auf seinem Traktor
angetuckert.
Hilfe!

Der Traktor hielt direkt neben Mika.
„Hallo, ich bin Sam!",
sagte der Junge.
„Bist du Frau Kaltenbachs Enkelin?"

Mika nickte und kletterte nach oben.
Als Sam den Traktor wieder startete,
knallte der Motor.
Mika rollte mit den Augen.
Das konnte ja heiter werden!

2. Eine besondere Begegnung

Nach kurzer Fahrt
erreichten Mika und Sam ihr Ziel.
Mika staunte.
Gut Kaltenbach war gar kein
langweiliger Bauernhof!

Das Haupthaus war sehr vornehm,
fast schon eine Villa.
Drum herum gab es Stallungen
und einen großen Reitplatz.

„Habt ihr hier Pferde?", fragte Mika.
„Wie kommst du denn da drauf?",
antwortete Sam lachend.

Da sah Mika es auch schon selbst:
Ein weißes Pferd trabte
über den Platz.
Plötzlich schlug ihr Herz schneller.
Hatte das mit dem Pferd zu tun?

Der Schimmel lief
auf ein Hindernis zu.
Mit einem Mal fühlte Mika sich
dem Pferd so nah,
als würde sie mit ihm galoppieren.

Seine Mähne flog im Wind,
seine Nüstern waren aufgerissen.
Er sprang vom Boden ab.
Doch seine Hufe blieben hängen.
Die oberste Stange fiel.

Er hat Angst!, dachte Mika.
Sie wusste es genau, ohne Zweifel.
Als hätte das Pferd ihr das gesagt!

Einen Moment noch
hielt dieses Gefühl an.
Dann war es verschwunden.
Mika schüttelte sich.
Was war denn das gewesen?

3. Wie eine Zirkus-Direktorin

„Nein, nein, nein, Michelle!",
schallte es da über den Platz.
„Er macht mit dir, was er will!"
Die Reit-Trainerin
war nicht zufrieden damit,
wie Michelle ritt.
Wie eine Zirkus-Direktorin
stand sie auf dem Reitplatz.

Die Mädchen drum herum
sahen sie an.

Das muss meine Großmutter sein,
dachte Mika. *Maria Kaltenbach*.
In diesem Moment hupte Sam.
Alle drehten sich zu ihnen um.
Mit rotem Kopf stieg Mika
vom Traktor.

Die Mädchen wussten sicher,
warum Mika hier war.
Sie war sitzengeblieben
und sollte auf dem Gut
für die Schule lernen.
Ungestört, sechs Wochen lang.

Maria Kaltenbach kam auf sie zu.

„Du bist also Mika",
sagte sie brummig.
„Groß bist du geworden."

„Kleiner wäre auch komisch",
antwortete Mika.
Alle Mädchen hielten die Luft an.
So durfte man wohl nicht
mit Frau Kaltenbach reden!

Mikas Großmutter sah
ihre Enkelin streng an.
Doch dann lächelte sie
und sagte: „Stimmt."
Damit war die Begrüßung beendet.

4. „Kann Nicht Reiten"

Was sollte Mika noch
mit ihrer Großmutter reden?
Sie wusste es nicht.

Zum Glück tauchte da
der Schimmel neben Mika auf.

Sie streichelte seine Pferdenase.
„Hallo, Pferd", begrüßte sie ihn.

Michelle saß im Sattel
und sah auf Mika herab.
„Pferd ist ein Wallach
und heißt Weingraf", höhnte sie.
„Welche Klasse?", fragte sie dann
und zeigte mit dem Kinn auf Mika.

„Achte ... äh, siebte",
verbesserte Mika sich schnell.
„Ehrenrunde!"

Alle Mädchen lachten.
Eines von ihnen
zeigte zum Reitplatz.
„Michelle meint:
welche Leistungsklasse",
klärte sie Mika auf.

„Ach so, dann *KNR*",
antwortete Mika lächelnd.
„*KNR?*", fragte Michelle.

„*Kann Nicht Reiten*",
sagte Mika fröhlich.
Doch damit war sie
für die eingebildete Reiterin
offensichtlich gestorben.

„Kommst du?",
fragte Sam.
„Ich habe nicht
den ganzen Tag Zeit."
Mit Mikas Tasche
ging er auf
das Gutshaus zu.

5. Eine Goldmedaille und Gefahren

Mika stand in der Eingangshalle
und staunte.
In einem Rahmen
hing eine Goldmedaille.
Daneben fand Mika ein Foto
von ihrer Oma in jung.

„Das war nach ihrem Olympia-Sieg",
erklärte Sam.
„Den Rekord hält sie bis heute."

Mika schüttelte ungläubig den Kopf.
„Meine Großmutter?"
Sam nickte und schwärmte:
„Sie war eine der besten
Springreiterinnen der Welt."
Dann brachte er Mika nach oben.

Mika wollte ihre Zimmertür
hinter Sam schließen.
Da hörte sie,
wie ihre Großmutter nach ihm rief.

„Ostwind ist gefährlich",
ermahnte Maria Kaltenbach Sam.
„Pass auf, dass meine Enkelin
sich ihm nicht nähert."

Als Mika nach dem Abendessen
ins Bett ging,
fand sie keinen Schlaf.
Viel zu viel ging ihr
durch den Kopf.

Warum ritt ihre Großmutter
nicht mehr selbst?
Mika war aufgefallen,
dass Maria Kaltenbach humpelte.
Hatte sie einen Reitunfall gehabt?

Und was hatte es
mit diesem Ostwind auf sich?
War das ein Pferd?

Mika wälzte sich hin und her.
Es war genau zwei Uhr dreißig,
als sie das Wiehern hörte.

6. Ein magischer Moment

Mikas Magen knurrte.
Sie holte ein paar Äpfel
aus der Küche.
Da hörte sie das Wiehern wieder.
Es klang einsam
und irgendwie … verzweifelt.

Mika lief in den finsteren Stall.
Sie musste nachsehen!
Alle Pferde schliefen.
Nur aus der letzten Box
drangen Geräusche.

Mika legte den Kopf an das Gitter.
Da tauchten aus der Dunkelheit
zwei funkelnde Augen auf.
Es war ein schwarzes Pferd
mit einem weißen Fleck
auf der Stirn.

„Kannst du auch nicht schlafen?",
flüsterte Mika.
Sie wollte ihm einen Apfel geben.
Doch der passte nicht
durch das Gitter.

Mika öffnete die Box
und schlüpfte hinein.
Der Hengst schnappte sich
den Apfel und verschlang ihn sofort.
Dann wurde er ganz ruhig.
Er legte seine Schnauze
auf Mikas Schulter.

Das Tier schien ihr zu vertrauen.
Mikas Herz schlug schneller.
Das hier … war einfach magisch!
„Du bist ein ganz besonderes Pferd,
stimmt's?", flüsterte sie.
Das Pferd schnaubte.

Mika war plötzlich so müde!
Sie rollte sich im Stroh zusammen.
Der Hengst stupste sie sanft
mit der Nase an.
Dann schlief Mika ein.

7. Unsanftes Erwachen

„Volltreffer!",
murmelte eine Stimme.
Mika riss die Augen auf.
Ihr Herz blieb beinahe stehen.
Vor der Box stand ein Mann
mit einem Gewehr!

Und das Pferd neben ihr
ging in die Knie!
„Was haben Sie mit ihm gemacht?",
rief Mika panisch.

„Keine Sorge,
ist nur eine Betäubung",
antwortete der Mann.
„Ich bin Doktor Anders,
der Tierarzt."
Er hob Mika über das Gatter.

Maria Kaltenbach war kreidebleich.
„Du hättest tot sein können, Mika!",
schimpfte sie aufgeregt.

Sam kam
auch angelaufen.
„Sie war da drin?",
fragte er besorgt.

„Ich bin nur eingeschlafen",
erklärte Mika.
„Warum ist das denn so schlimm?"

Maria Kaltenbach rief:
„Weil dieses Pferd gefährlich ist!
Du hast großes Glück gehabt!"

Mika verstand.
Der schwarze Hengst
war also Ostwind!

„Du gehst jetzt
auf dein Zimmer und lernst!",
befahl ihre Großmutter.
„Und Sam bewacht die Tür."

Mika rollte mit den Augen.
Jetzt war sie auch noch eingesperrt!
Wie Ostwind ... Na super!

8. Jede Menge Arbeit

Eine Stunde später kletterte Mika
aus dem Fenster ihres Zimmers.
Sie konnte einfach nicht lernen.
In ihrem Kopf war nur Ostwind!

Kaum war Mika auf dem Dach,
als sie Stimmen hörte.
„Du kannst Ostwind
nicht ewig wegsperren",
sagte Doktor Anders.

„Also gut."
Maria Kaltenbach
seufzte.
„In vier Wochen
ist unser Turnier.
Da lass ich
ihn abholen."

Mika schluckte. *Abholen?*
Sie sprang vom Vordach
ins Gebüsch.
Doch ihr Wachhund Sam
hatte gut aufgepasst.
Er drückte Mika
eine Schaufel in die Hand.
Für Pferdeäpfel!
Dann ging er zu den Koppeln.

Die anderen Mädchen
striegelten Weingraf.
„Warum springt er bloß
nicht richtig?", schimpfte Michelle.
„Der ist so furchtbar bockig!"

Mika legte die Schaufel weg
und stellte die stinkende Schubkarre ab.

„Oder er hat Angst vor dir",
sagte sie.
Es war das,
was Mika am Tag zuvor
ganz deutlich gefühlt hatte.

Doch Michelle rümpfte die Nase.
„Und wer hat *dich* gefragt?",
fragte sie zickig.
Dann verschwand sie zum Reitplatz.

9. Keiner kümmert sich um Ostwind

Als auch die anderen Mädchen
weg waren,
lief Mika sofort zu Ostwind.
Aber seine Box war nun
mit einer schweren Kette gesichert.
Mika verspürte
einen Stich im Herzen.

Denn der Hengst
war völlig verdreckt.
Die Box ebenso.
Sein Futter wurde einfach
über das Gatter gekippt.

All das hatte sie im Dunkeln
gar nicht bemerkt.
„Warum halten dich bloß alle
für wild und gefährlich?",
fragte Mika Ostwind.

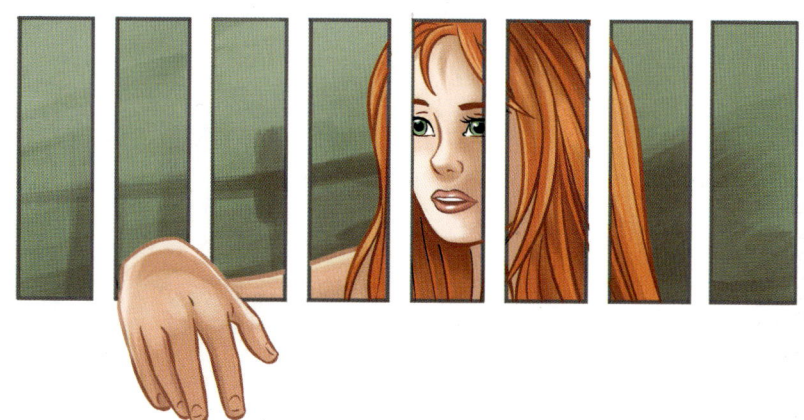

In diesem Moment stieg Ostwind
und schlug mit den Hufen
gegen die Holzwand.
„Verstehst du es jetzt?",
fragte Sam grimmig.
Er hatte sich angeschlichen.

„Ja, ich verstehe *ihn*",
antwortete Mika.
„Er will da nicht
eingesperrt sein!"
Wütend lief sie davon.

Doch sie sah noch einmal
zu Ostwind zurück.
Ihre Blicke trafen sich.
„Ich komm wieder!",
flüsterte Mika.
Ostwind wieherte.

Er verstand Mika.

Und Mika verstand ihn.

Doch sie mussten
auf die Nacht warten.

10. Die Freundschaft wird besiegelt

Auf Zehenspitzen
schlich Mika zu ihrem Liebling.
Es war tiefste Nacht.
Aber sie fand den Schlüssel
zu Ostwinds Box trotzdem.
Ostwind wieherte.
„Schht!", zischte Mika.
„Sonst hören die uns doch!"
Zärtlich legte sie ihren Kopf
an Ostwinds Hals.

Dann legte Mika los.

Zuerst füllte sie den Futtertrog.

Dann mistete sie aus.

Und zum Schluss kam das Beste:

Mika wusch und striegelte Ostwind.

Am Ende putzte sie seine Zähne
und kämmte seine Mähne.

Ostwind sah wunderschön aus!
Und gefährlich war er
auch kein bisschen.
Jetzt waren bestimmt
alle Probleme gelöst.
Mika würde einfach bald
mit ihrer Großmutter reden.

Ostwind bedankte sich
mit einem Nasenstupser.

Mika stupste zurück.
So besiegelten die beiden
ihre Freundschaft.
Es war einfach pure Magie.

Mika konnte die Dankbarkeit
von Ostwind spüren.
So als würde der Hengst
mit ihr reden!
Als wäre Mika eine Pferdeflüsterin.

Mika streichelte ihn.
„Ich muss dir etwas gestehen",
flüsterte sie in Ostwinds Ohr.
„Ich habe mich geirrt.
Das hier werden
die besten Ferien aller Zeiten!"

Ostwind wieherte.
Er gab seiner Freundin Mika
völlig recht.